深見東州の言葉シリーズ

ニャンでもやればできる

深見東州
TOSHU FUKAMI

TTJ・たちばな出版

ニャン解な事も宙返り解決する
深見東州最強の名言がここにあります。

本書は、弊社より発行の深見東州著「スーパー開運シリーズ」十大ベストセラーの中から名言を抜粋し、一部編集して発行いたしました。

ニャンでもやればできる

もくじ

第1章 自分を高める きほん編

第3章 恋愛・結婚・子育て

カバーデザイン　環境デザイン研究所
本文デザイン　富田ゆうこ

第1章
自分を高める
きほん編

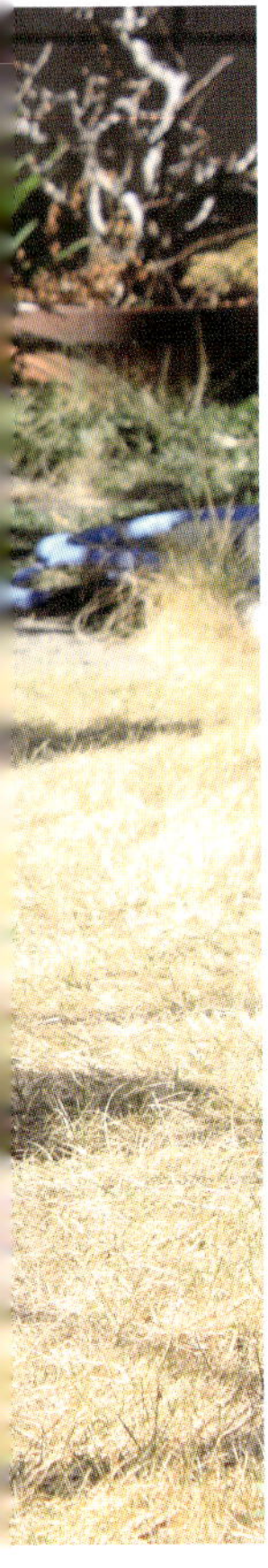

01

信念が運を呼ぶ

運勢の強い人は、信念も強く、「必ずそうなる」と確信している。それが同時に、強い運勢を呼び込むことにもなるのだが、運勢の弱い人は、これがすべて逆になっている。

「強運」第一章　ツキを呼ぶ人はつくべくしてついている

02 きれいな部屋は運勢をよくする

きれいな部屋は守護霊の憩いの場。当然、運勢も急上昇する。第一、きれいな部屋は、自分自身にとっても気持ちがいいし、作業の能率もアップする。「やるぞ！」と、活力も湧き出してくるというものだ。実際、神霊界を見ると、景色も組織もすべてが美しいだけでなく、秩序正しく、整然としている。きれいな部屋を見て心が爽快になるのは、自分の魂が神霊界の実態を無意識に知っているからなのだ。

部屋に限らず、家全体についてもいえることなので、いつも家の中はきれ

いにしておきたい。それだけで運勢は三倍はよくなるだろう。部屋を片づけ、家をきれいにすることは誰でも手軽にできる運勢大発展作戦である。労を惜しまず、守護霊と家族全員が喜ぶ家にしたいものだ。

「強運」第一章　ツキを呼ぶ人はつくべくしてついている

03

お金がないからありがた味がわかる

お金がないから、お金のありがた味がわかる。お金がないから一生懸命頑張る。お金がないから夢を大きくふくらませる。お金がないから、お金以外のことで楽しみを見出《みいだ》そうとする。お金がないから、人生を考える……。若者にとっては、程よい金欠病が成長の糧《かて》となるのである。

また、若者は柔軟性があり、可能性に満ち満ちている。お金のない苦しみは、他に転化することもできるのである。

「大金運」第一章　幸せになれる儲け方と使い方

04 愛嬌が金運を呼ぶ

愛嬌と金運は一見、なんの関係もないように思われるかもしれないが、とんでもない誤解である。出世し、財を得ている人物というのは、例外なく愛想がよい。ブスッとして、愛想笑《あいそわら》いもできないような人が、金運をつかんだという話はあまり聞かないのである。特に、これから上司や目上の人にとり立てられる必要がある場合など、生半可《なまはんか》な実力よりも、相手の心に飛び込んでしまえる愛嬌のほうが、ずっと優れた出世と金運のための武器となる。

「大金運」第二章　正神界パワーで金運をつかむ

05

質素と感謝の心

一般社会でも、人徳のある老人は謙虚で生活も質素、お茶わんのご飯粒をひとつも残さず、きれいに食される。そして、感謝の心！　こういう態度と心が金運を呼び寄せ、長く自分のもとに金運をとどめておくのである。

「大金運」第二章　正神界パワーで金運をつかむ

06

感謝の言葉を念ずる

ひとつ頼みごとをしたらそのつど「いつもお世話になっています。本当にありがとうございます」と感謝の言葉を念ずることが、守護霊の「やる気」を引き出すのである。

「大創運」第三章　守護霊を味方にする法

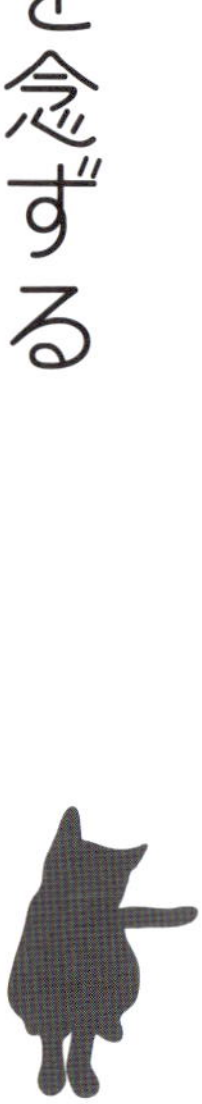

07

守護霊はいつも見守ってくれる

守護霊はたえずあなたとともにいる。とはいっても、あなたと同等の存在ではない。高い霊的位置から、過去、現在、未来を見通す目をもって、常にあなたたちを見、指導してくれるのである。そこには、おのずから付き合い方の秩序がある。

「大創運」第三章　守護霊を味方にする法

08
人の道を踏みはずす原因

人の道を踏みはずす原因には、大きく分けて三つある。

第一はお金。異常なくらいお金にどん欲になるあまり、人を苦しめ泣かす。あるいは、不正な手段でお金を手に入れたり、お金を運用する。こうして、人としての道を踏みはずし、地獄界に自らの御魂を堕《お》とすのである。

第二は権力。とにかく権力を手に入れたい、人を蹴落としてまでも権力を手にしたい。こうして、次第に周囲の反発を買い、自ら道を閉ざしてしまうのである。

第三は女性問題。とかく権力志向の強い人は、女性問題でつまずきやすいといえる。

「神霊界」第一章　現世を跋扈する中間役の神々（龍・天狗・UFO）

09

一瞬一瞬の心の持ち方

私がどんなに偉そうなことを書き、どんなに偉そうなことをいったとしても、私自身の日々の生活、一瞬一瞬の心のもち方が道にはずれていたならば、人を教育することなど絶対にできやしない。それどころか、人は去っていくであろう。

「大天運」第五章　前世の因果を乗り越え神人合一《しんじんごういつ》に至る道

10 とらわれている心を捨てる

悩み、苦しみ、落ち込んだ精神状態からいち早く脱出するコツは、とらわれている心そのものを捨て去ることである。

仕事の失敗、失恋の痛み、人間関係のこじれ……、悩み、苦しむ理由はさまざまであろうが、苦しみから心を一刻も早く解放してあげることである。

心を解放し、とらわれている苦悩する心を捨て去るにはどうすればよいかといえば、まず、その悩み以外の、目前の身近なことに集中することである。頭だけで考えず、実際に体を動かして、すぐやらねばならぬことを即実行することである。

「絶対運」第一章　まず自力運《じりきうん》をつけよ

11 明確な目標とビジョンを持て

もし、人間として大成したいと望むなら、明確な〝目標・ビジョン〟を設定することが何より肝要である。

目標があいまいであれば、目標に対する意欲がわかないのは当たり前であるし、意欲がなければどうして精進・努力ができるであろうか。そしてまた精進・努力がないところに、どうして目標の成就があり得るだろうか。

「絶対運」第一章　まず自力運をつけよ

12 今やるべきことに集中

大きな幸運とそれを実現する才能、六カ月、一年、二年、三年と、小さな運と能力なら二、三日から一、二週間ほどと、やるべきことに精進・努力・集中していると、なぜか自然におおよその時期がわかってくる。

では一体どれほどの時間を待てばいいのか。本人の存在にかかわる重要な才能の開花、その開花をうながす幸運を得るには、一年から三年の間、ただ今やるべきことに集中・努力・精進することが必要だろう。日常生活の中で幸運に恵まれないと思っても、ともかく心楽しく待ってみる。いつの間にやら、

あなたは幸運に取り巻かれているはずだ。

「絶対運」第一章　まず自力運をつけよ

13

とりあえずの目標でもよい

人生の大きな目標として最終的なビジョンがさしあたりはっきりしないならば、それはそれでしばらくわきに置いておき、まず、ごく身近な日常の中から〝とりあえず〟の目標を探して立ててみればいいのである。

「絶対運」第一章　まず自力運をつけよ

14

気楽に目標を立てて実現する

「私の人生の真の目標は何か。私という人間は何なのか――」

などと考え込み、暗く無気力な日々を送るより、今すぐできる〝とりあえず〟の小さな目標を立てることがいかに大切かが納得できたであろう。

気楽に目標を立てて、どんどん実現していこう。とりあえずの目標が間違っていたら、その分だけ、人間的幅と教養の厚みができたものと考え、大いに気をよくしよう。そして、さらに新たなる目標にチャレンジしていただきたい。

「絶対運」第一章　まず自力運をつけよ

15 チャンスを待つ

「善なる待機」

待つという忍耐力をつけろという意味である。才能の開花にはある程度の時間が必要であるし、開花した才能が社会に認められるには、やはり、その機が熟するのをじっと耐えて待つ必要がある。

中国の故事にある太公望《たいこうぼう》のように、チャンスを待つ忍耐力を持たない人は自力を開花させることができないのだ。

「絶対運」第一章　まず自力運をつけよ

16 運気が回転しだす

自分の生活サイクルの中で、身近で実行可能な〝とりあえず〟の目標を見つけることはわけはない。他人からみて、つまらないちっぽけな目標であっても気にすることはない。その目標を実現するために毎日実行していく過程のなかに、しだいに自力運《じりきうん》が生まれてくるのである。一週間、二週間と続けていくうちに運気が動きだしてくる。その運気が回転しだせばもうしめたもの。次から次へといい運気を呼び込み、それからの運気がさらに大きな運気となってパワフルに動きだすのである。

「絶対運」第一章　まず自力運をつけよ

17
自信とコンプレックスは同根

一見、〝自信〟と〝コンプレックス〟とは別々のエネルギーを持っているように思えるが、心の働きからいえば同じ根、同じ源なのである。負《マイナス》のほうへ心の力《エネルギー》が働けばコンプレックスとなり、肯定的な明るい方向へ向けば自信となる。

「絶対運」第二章　自力運と他力運《たりきうん》で強くなる

18

自分を知りたければ人の眼を見る

自分を知りたければ、自分を見つめる周囲の人の眼を見ることである。そのほうが、はるかに簡単だし、正確である。

「大天運」第二章　輪廻転生と才能開花の秘伝

19 幸運は引き寄せるもの

幸福や幸運は、向こうから転がり込んでくるのではなく、こちらから引っぱり寄せるのがコツだ。あるいは、こちらから近づいていくようにすれば、意外と簡単に幸運にタッチすることができる。幸福とは本来そういうものなのである。

人生を前向きに明るく生きようとすると、次のような〝効果〟が生まれてくる。

①表情が明るくなり、多くの人々から好感を持たれる。
②言葉や行動に積極性があらわれ、なんでも進んで成し遂げようという気持ちになる。
③友人が増えるので、金運、対人運が向上する。
④多くの人々の援助を受けることができるので、成功率がグーンと高くなる。
⑤人生が最高におもしろくなる。
というわけで、とにかくハッピーな気持ちにひたることができるのだ。そして、これがすなわち、幸運なのだ。

「強運」第一章　ツキを呼ぶ人はつくべくしてついている

第2章

自分を高める

はってん編

01 人間は何のために生まれてくるのか

まず、人間は何のために生まれてくるのか。ひと言でいえば魂の向上のためであり、錬磨のためである。そして神とひとつになって、功徳を世に発揮するためである。神様のような人間になるため、神人合一するために、何万年という歴史を通して、再生転生をくり返しているのである。だから、私たちの人生は前世、今世、来世と連綿と続いているのであり、その中で絶えず御魂をレベルアップさせるべく、修業していかなければならないのである。

「大天運」第三章　前世の秘密と因縁からの脱却

02

只今只今をどう生きるか

只今只今の自分、今現在の一瞬一瞬の自分の想念、考え方、行いが、前世の悪いものを消しもするし、来世のいいものを生み出しもするのである。だから、只今只今が初めであり終わりなのである。善にするのも悪にするのも、幸せにするのも不幸にするのも、只今只今をどう生きるかによって決定されるのである。その意味で、すべては人間の自由意思、自由選択にゆだねられているといえる。

「大天運」第三章　前世の秘密と因縁からの脱却

03 今日一日と思って自分を救い続け、豊かにする

今日一日、今日一日と思って、地味ではあるが自分を救い続け、豊かにし続けながら、臨終《りんじゅう》のその日まで、修養と研鑽《けんさん》を積み重ねればよいのである。これを「恒《こう》の徳」といい、これこそが天地人を貫く道の妙諦《みょうてい》なのである。そして、この妙諦にたてば、真に実り多い人生を送ることができる。

そうして、ある時ふと後ろを振り返って見れば、前世の劫《ごう》も家伝の悪因縁も相殺《そうさい》されてすでに消え、自分の周囲には有形無形の福と富と名誉が備わっているものである。これが本当の創運のやり方なのである。

「大創運」第五章　こんな時、どうすればいいのか

04

迷ったら元に戻る

『易経』の中に「遠からずして元へ復《かえ》る」という言葉がある。

本来、人の生きる正しい道があるのだが、この道を見つけるには、さまざまな修業を積まなければならない。

その間、人は、深山に迷い込んだ状態で、自分の進むべき道を模索《もさく》しなければならないのだ。

「よし、こっちが正しい道だ」と見当をつけて、歩み出しても、どうも様子が違う。さてどうすればいいのか。

山登りの達人は、このような状況に立ち至った時は、即、元の場所に帰る。様子が違うとわかったら、それ以上深入りはしないのだ。

「大創運」第一章　運を創るのはあなただ

05

嫌な相手とも上手につき合う

出世をし、巨大な金運をつかもうと思うなら、嫌な相手とも上手につき合わなければならないのである。実力のある人ほど、性格にクセがあるからだ。相手側が性格を変えてくれるのなら話は別だが、こちら側が相手に合わせていくことがほとんどだ。また、そういう体験を通して、こちらの人格が円満になっていくわけである。すべてを修業だと思えば、嫌な相手の顔も、仏様とまではいかなくても、口うるさい父親ぐらいには見えてくるものだ。そして、不思議なもので、こちら側が自分の殻を破って、打ち解けた態度で接すれば、

相手も、また違う別な一面を見せてくれたりする。このあたりが、人情の機微というべきものだろう。

06

悩みを聞くことも修業

たとえば、人に悩みを訴えられたとする。

お互い首をひねってもよい解決策はみつからない。

「ごめんね、何の力にもなれなくて」と、自分の無力ぶりを申し訳なく思ったりする。

だが、あなたは決して無力ではない。悩みを聞いてくれたことで相手の心は、相当にすっきりしたはずである。その上、悩みを聞き、ともに考えたという行為はあなた自身の努力であり、また修業なのだ。確かにことの解決には至

らなかったが、あなたは心の中で相手と悩みを共有し、時々繰り返して考えるはずである。これもまた、あなた自身の修業と努力なのである。

「大創運」第二章　守護霊が、創運を助ける

07 三つの徳を調和させる

いちがいに徳というが、これは三つに分けられる。

まず、人徳《じんとく》がある。

この人徳というものは、自分自身を修養して高めている人格面をいう。その人物の人間的色あい、魅力をさしているのだ。

人徳があっても恵まれなかったりツキがないのは、もうひとつの徳が足りないからである。

それが第二の徳、地徳《ちとく》である。

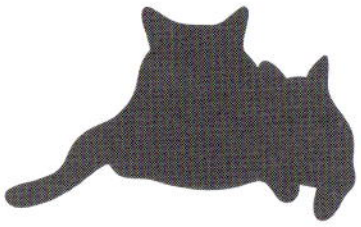

この地の徳というのは、前世において自分がどれほど徳を積んできたかという過去の徳分のことである。

三つめが、天徳《てんとく》である。

この天の徳は、神の道に生きようとする人間、根源的な信仰力を持っている人間に備わるものなのである。


「絶対運」第三章　他力運をどう呼びこむか

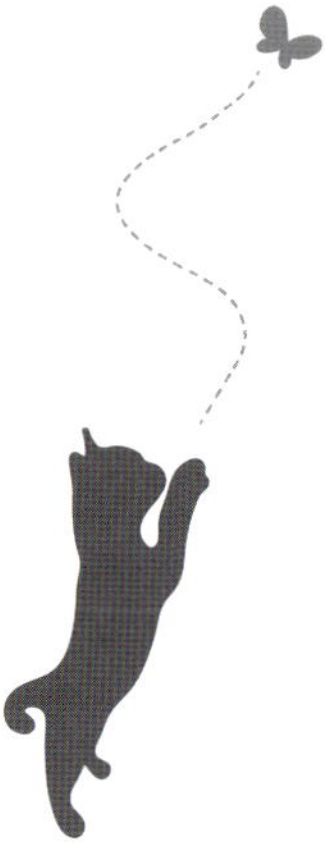

08 陰徳は本当の徳

陰徳とは、人の見ていない所、知られていない所で行う善行の報い。陽徳とは、人の見ている所、知らるる所で行う善行の報いである。

陽徳は、すぐに名誉や幸福感に還元されて消えていくが、陰徳は蓄えられてなかなかなくならない。だから、本当の徳とは陰徳のことを言うのである。

「天知る、地知る、我が知る」の言葉も、陰徳を積む人の心の支えにすべきだ。カルマを乗り越え、独りで修業をやり続けていく人の、孤独に灯る神明の光とすべきなのだ。

この光こそが「本当の信仰の力」、「真実の学問の力」というものなのである。

「大創運」第四章　不運を嘆く前に

09

まず「いい感じ」を持つ

あなたが一つの仕事をしたとする。商品を作ることでも、テレビドラマを作ることでもいいが「仕事をしよう」という行動は、まず第一に、その仕事に対して「いい感じ」を持たなければならない。仕事が「大嫌い」という思いが最初にあれば、結果としての成功は絶対に約束されないのである。創造的な仕事なら、全てがそうであるといえよう。

「いいな」「すばらしいな」という思いが、次に「どのようなやり方をすればうまくいくのか」という思い、念を生む。その想念が、仕事、すなわち現実の行動を引き起こすのである。

「大創運」第一章　運を創るのはあなただ

10 コンプレックスを克服する努力

体型上のことだけでなく、人の持つコンプレックスは多様であって、他人にはうかがい知れない部分もある。しかし、コンプレックスを克服する努力を積んだ人間は、強靭《きょうじん》な魂を持つことができ、成功への道を歩むのである。

「大創運」第五章　こんな時、どうすればいいのか

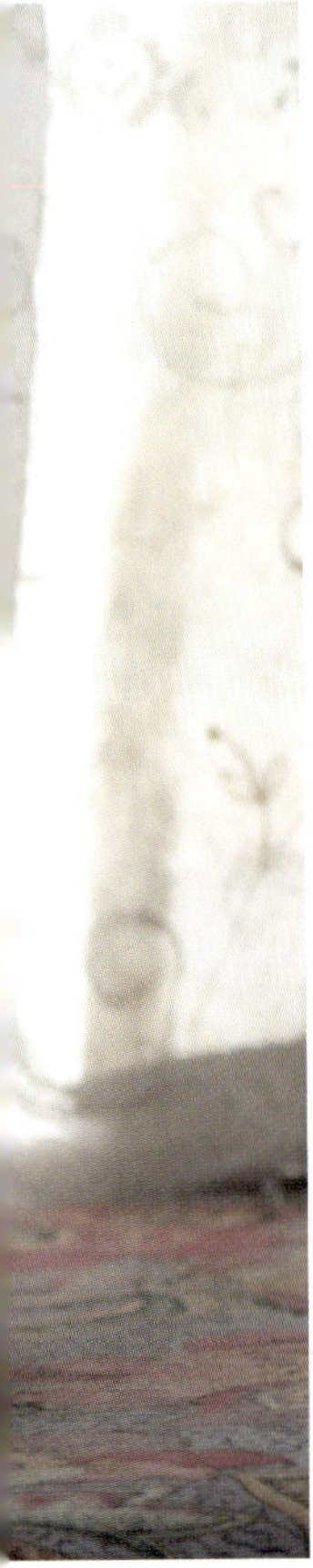

11

一代限りで終わらない経営者とは

「金儲けだけが生き甲斐《がい》」という人は、しょせん何百、何千人もの社員を擁《よう》する会社のトップには立てないだろう。仮に立ったとしても、一代限りで終わる運命にある。結果として金儲けはするが、それはひとつの手段であって、最終的な目的は人々の幸福と社会への貢献、及び企業の永続的発展にある――
――こういう経営者こそが、神霊界が喜び、そして守り得る人物である。

「大金運」第三章　億兆単位の金はこうして動かす

12
微動だにしない心

出世を望み、大きな金運をつかむためには、山あり谷ありの人生航路を進まなければならない。いろいろなことが、その途上で起きるだろう。しかし、台風がきても地震が起きても、「必ず出世するんだ。金運をつかむんだ。ぼくは守られているんだ。わけもなく運のいい男なんだ」と確信し、微動だにしない心をもてば、道はおのずから開けるものである。

「大金運」第一章　幸せになれる儲け方と使い方

13 本能だけで生きると

色街ばかりに出入りしている人。こういう人は、ほとんど間違いなく死後、狐か蛇になってしまう。性欲は、神様が人間に与えてくださった本能の一つであるが、こればかりに没入している人間は、畜生と同じである。畜生は本能を充足させることしか知らない。だから、本能だけで生きている人は、人間の姿をしていても、心は畜生となっているわけだ。

「神界からの神通力」第四章　決定版　動物霊論

14

環境に対して主体性を持つ

良い環境であるか否かは本人の尺度いかんなのであり、良い環境にしてしまうのも悪い環境にしてしまうのも、すべては本人の意志と努力ととらえ方にかかっているのである。だから、社会的な客観的基準からして、すべての環境が劣悪だと判断したら、こうして、本人の尺度を柔軟にパッと変えてみることだ。「幸せないい感覚」を失うことがないよう自分自身を救済するために。こうして、常に環境に対して主体性をもち、「ふとした感覚」を大切にする人は、常に善霊を呼び込むことができるし、いかなる場合にも、強運に恵まれる人となることができるのである。

「大除霊」第二章　これだけは知っておきたい「悪霊に勝つ法」

15 六根清浄の誓い

才能開発と強運を引き寄せるために、一歩踏み込んで次のようなことをおすすめしたい。

●目にもろもろの不浄を見て
　心にもろもろの不浄を見ず
●耳にもろもろの不浄を聞きて
　心にもろもろの不浄を聞かず

●鼻にもろもろの不浄を嗅ぎて
心にもろもろの不浄を嗅がず
●口にもろもろの不浄を言いて
心にもろもろの不浄を言わず
●意にもろもろの不浄を思うとも
心にもろもろの不浄を思わず
●身にもろもろの不浄を触れても
心にもろもろの不浄を触れず

これを「六根清浄《ろっこんしょうじょう》の誓い」という。

「絶対運」第一章　まず自力運をつけよ

第3章
恋愛・結婚・子育て

01

男性に好かれる三要素

男性に好かれる雰囲気とは——

●明るい

●優しくて、ゆっくりしている。あるいは快活でハキハキしている

●メルヘン的な部分がある

この三点であろう。もちろん、もっと細かく分類できるだろうが、この三要素を備えていることが、重要である。

「恋の守護霊」第二章　この心掛けが良縁を呼ぶ

02 幸せをおねだりするな

幸せを男性におねだりする女性となるより、男性を幸せにしてあげられる女性を志せば、おのずから男運は開け、向こうから理想の男性は近づいてくるのである。

「恋の守護霊」第四章　つまらぬ男、よい男の見わけ方

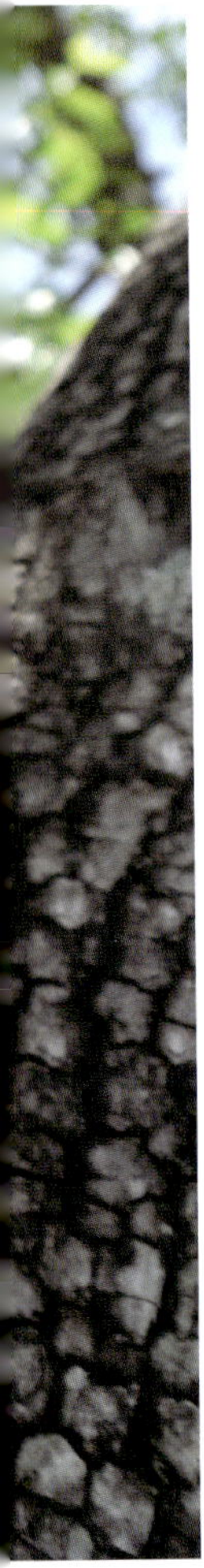

03 恋をキッカケに自分自身を進歩させる

　性格が明るくなり、積極的にとり組む姿勢を見せはじめると、自然と顔が輝いてくる。形の美しさではない、内面的な美しさが表情に漂い出すのである。ここが大事なのだ。

　たとえ、あなたの目を覚まさせた男性と一緒になれなかったとしても、恋をキッカケに、あなた自身がグレードアップされたわけだから、そんなに悲嘆することもないだろう。次は、もっと素敵な男性とめぐり会えばいい。一回一回の恋を、そんなふうに受け止めて、自分自身が進歩するためのよき糧

としたい。

「恋の守護霊」第四章　つまらぬ男、よい男の見わけ方

04

女性の美しさは声にある

女性の美しさは、容姿もさることながら、声ではないかと思う。私のところにも、毎日数多くの相談者がこられるが、まず第一に、その人の顔、表情で何をどう悩んでおられるかがわかる。次に、声を聞くと、心の中がいっぺんに見えてしまう。

気持ちの前向きな人、クヨクヨ悩まない人は表情も明るく、声も弾んでいる。とても、リズミカルなのである。反対に、気の重い人の表情は暗く、声は沈んでいる。ボソボソと口ごもり、何をいっているのやら、さっぱりわからない。

「恋の守護霊」第二章　この心掛けが良縁を呼ぶ

05

ゆっくりした口調がよい

特に、女性は口調をゆっくりさせたほうがいい。ゆっくりした口調からは、相手を責める言葉は出てこないし、第一、とてもおだやかである。とにかく、優雅とまでいかなくてもよいから、善良に見えるよう、のんびりいこう。

テンポが遅いので、相手は十分に言葉の意味を咀嚼《そしゃく》できるし、言葉の裏に込められた意味も理解できる。男性が前を歩き、女性はその後についてくる、という本来の生活パターンにも合致《がっち》する。だから、遅い方がいいのである。

「恋の守護霊」第二章　この心掛けが良縁を呼ぶ

06

キーワードは〝あいするひとに〟

あ＝遊び　い＝田舎　す＝スポーツ　る＝ルーム（自分の部屋のこと）　ひ＝病気（相手の家族の健康）　と＝特技　に＝ニュース　これらのキーワードをつなげると、〝あいするひとに〟となる。会話が途切れた時、これらを話題にすれば、気まずい沈黙はシャットアウトできる。

豊かな会話から運気が開かれるのである。

「恋の守護霊」第一章　結婚はこうするのが一番

07

男の値打ちは強い運

男の値打ちは顔じゃない。強い運と甲斐《かい》性をもっているか、どうかである。

「恋の守護霊」第四章　つまらぬ男、よい男の見わけ方

08 十年続けられる男か

　また、もう一つ運勢の強い男性の見きわめ方を伝授しておこう。一つは、一つの仕事なり趣味なりを十年続けているかどうかだ。一つのことを十年続けるためには、飽きるし、倦《う》むし、投げてしまいたいこともあるだろう。それを乗り越えて、はじめて十年が続いているはずだ。忍耐力と辛抱する心、これが荒魂《あらみたま》と言われるもの。男性にとって、人間にとって、神様が最も尊ばれるものである。これがその人生の足跡においてなされた人は、少々妻に飽き、家庭を維持することが面倒になっても、自分を克服して乗り越えるものだ。

例外もあるが、だいたい狂いはない。交際期間中、このことは確認しておきたい。

「恋の守護霊」第四章　つまらぬ男、よい男の見わけ方

09 発展の妙気をもつ

発展の妙気とは、何となく女性から発散する、気とムードと考えればいい。その神霊波動が男性の運気に作用するわけだ。具体的には、どんな気かといえば、

①明るい気　②やる気　③大きくする気　④伸びようとする気　⑤安《やす》らかな気　⑥包み込む気、などである。

こういった気をもった女性になることが、男運をつかみ、さらに発展させるためには最も重要であり、そして、そう心掛ける日々の心の精進《しょうじん》が大切と

なるのである。

「恋の守護霊」第三章　家族を守り男を強くさせる知恵

10 男運があると信じる

「私には男運がある。守護霊さん、守護神さんが必ず私を導いてくれる」

こう信ずるだけで、男運は一〇倍近くアップするものである。第一、疑い深く、すべてに対して否定的な女性を男性が好むだろうか。男運だって、思わず避けて通ってしまうだろう。

「恋の守護霊」第二章　この心掛けが良縁を呼ぶ

11 のんびりした雰囲気を作り出す

男が女をくどいたり、女性が男心をくすぐるような時は、たいていゆったりしたテンポである。早口、せかせか雰囲気《ふんいき》は場にそぐわないのだ。つまり恋の運気、愛の運気というのは、そもそもゆったりした波長なのである。

男運を呼び寄せ、恋の雰囲気を作り出そうとすれば、それはおのずからノンビリムードとならざるを得ないのである。このムードを、積極的に醸《かも》し出し、男性をドップリとその雰囲気にひたらせれば、勝算は大いにある。

「恋の守護霊」第二章　この心掛けが良縁を呼ぶ

12

内面の美しさに努力する

内面の美しさやハリに気をつけて努力している女性というのは、目が実に涼やかである。輝きもある。言葉もハキハキしているし、第一、リズミカルで、雰囲気が明るい。男性はこんな女性を好む。男性が好む、ということはとりもなおさず、男運が漂っていることでもある。ここで一首。

心根は色に出でけり頬染めて心の柄にも花染め忘るな

深見東州

「恋の守護霊」第二章　この心掛けが良縁を呼ぶ

13

何か一点共通項があるかどうかがポイント

相手を選ぶ際のポイントは、必ず何か一点、共通項があるかどうかということだ。一番いいのは、同じ思想を持ち、同じ理想に生きていることだが、これはなかなかむずかしい。趣味、嗜好《しこう》が共通、というぐらいでもいい。

もう一つは、お互いの性格や能力、職業を理解し、果たして釣り合うのかどうか、一緒に生活して、固苦しさを感じないかどうかを見きわめるべきだ。あとは、実際に会ってみた時の印象などだろう。

これらのことを見た上で、合格ラインに達するのであれば、ゴールインしてもいいのではないか。

「恋の守護霊」第一章　結婚はこうするのが一番

14

結婚にこぎつける努力とは

男心をとらえて、結婚にまでこぎつけようと思うのなら、次のようにしたらよい。

①顔が並の女性は、ちょっとかわいくなれる笑顔や仕草《しぐさ》を研究する。

②顔が並以下なら(実際は、女性にはそれぞれ固有の魅力があり、それを十分に演出することができれば、誰でも美しくなれる)、言葉や態度、笑顔でかわいさを強調する。

③プロポーションに自信がないのなら、シェイプアップしよう。

④バストが貧弱に見えるようなら、パットを入れて、大きく見せよう。誰ものぞいて見るわけではないので、少々のあげ底は大丈夫。

〝男性蜂《ばち》〟を呼び寄せる結婚花を咲かせるには、これぐらいの努力は必要である。何もしないで、イイ男を集めようというのは、少々ムシがよすぎる。

15

変化する女になるための三つの役

「忍者や妖怪《ようかい》じゃあるまいし、そんなこと、できないわ」というなかれ。変化といっても、さほどむずかしいことではない。その気にさえなれば、誰にでも簡単にできる。

変化は主に三つである。

①女になれる　②母親になれる　③かわいい妹になれる

細かく分ければ、もっと多くなるが、基本的にはこの三つ。この三役をこなすことによって、夫にとって岩清水のように飲めば飲むほど味の出る、そ

していつまでもおいしい存在となれるのである。

「恋の守護霊」第三章　家族を守り男を強くさせる知恵

16 完全無欠の人間はいない

一つのよさを見れば、半面、足りない部分も見えてくる。完全無欠の人間などいないのだから、これはしかたがないのである。今さら愚痴をいっても始まらないのである。

足りない部分を指し「夫の性格のせいだ」「主人の問題だ」と思っていることが、必ずしもそうではなく、職業がそうさせていることも多いのだということを、知っていただきたい。

「恋の守護霊」第四章　つまらぬ男、よい男の見わけ方

17 自分に辛く相手に甘く

自分の点数は辛くして、相手は甘くしてあげると、怒りはおさえられる。

「うちの人はチビで、ハゲで給料は安いけど、家族皆のために一生懸命《けんめい》働いてくれているし、それに健康だから、合格点」

こうすれば、相手を許す心が芽生えてくるものである。

「恋の守護霊」第三章　家族を守り男を強くさせる知恵

18
親しい人ほど気を遣う

夫や、妻や、恋人に対しては、その関係が長ければ長いほど、どうしても狎《な》れが生じる。その結果、ついつい自分の立場からだけの厳しい要求をしがちになるし、ことば遣いにも思いやりが欠け、荒々しさが出てしまう。

夫婦や恋人同士も、もともとは赤の他人だったはずだ。その他人同士が時間の流れという〝狎れ〟の中でお互いに我を主張しあえば、対立するのは自然ななりゆきである。

したがって、親しければ親しいほど、その人物に気を遣わなければならない。

相手の存在を考えた上でエチケットを守るべきなのだ。

「絶対運」第四章　運・不運はどこで分かれるか

深見東州氏の活動についてのお問い合わせは、下記までお願いいたします。
また、無料パンフレット（郵送料も無料）が請求できます。ご利用ください。

お問い合わせ　フリーダイヤル
0120 - 507 - 837

◎ワールドメイト

東京本部	TEL 03-3247-6781
関西本部	TEL 0797-31-5662
札幌	TEL 011-864-9522
仙台	TEL 022-722-8671
東京（新宿）	TEL 03-5321-6861
名古屋	TEL 052-973-9078
岐阜	TEL 058-212-3061
大阪（心斎橋）	TEL 06-6241-8113
大阪（森の宮）	TEL 06-6966-9818
高松	TEL 087-831-4131
福岡	TEL 092-474-0208

◎ホームページ
https://www.worldmate.or.jp

深見東州
(ふかみ とうしゅう)
プロフィール

本名、半田晴久。別名 戸渡阿見《ととあみ》。1951年に、甲子園球場近くで生まれる。㈱菱法律・経済・政治研究所所長。宗教法人ワールドメイト責任役員代表。

著作は、191万部を突破した『強運』をはじめ、ビジネス書や画集、文芸書やネアカ・スピリチュアル本を含め、320冊を越える。CDは112本、DVDは45本、書画は3687点。テレビやラジオの、コメンテーターとしても知られる。

その他、スポーツ、芸術、福祉、宗教、文芸、経営、教育、サミット開催など、活動は多岐にわたる。それで、「現代のルネッサンスマン」と呼ばれる。しかし、これらの活動目的は、「人々を幸せにし、より良くし、社会をより良くする」ことである。それ以外になく、それを死ぬまで続けるだけである。

海外では、「相撲以外は何でもできる日本人」と、紹介される事がある。しかし、本人は「明るく、楽しく、面白い日本人」でいいと思っている。

(2024年8月現在)

深見東州の言葉シリーズ

ニャンでもやればできる

2016年11月30日　初版第一刷発行
2024年10月10日　初版第十刷発行

著　者　深見東州
発行人　杉田百帆
発行所　株式会社　TTJ・たちばな出版
〒167-0053
東京都杉並区西荻南二丁目二十番九号　たちばな出版ビル
電話　03-5941-2341（代）
FAX　03-5941-2348
ホームページ https://www.tachibana-inc.co.jp/
印刷・製本　株式会社新藤慶昌堂

ISBN978-4-8133-2588-8

スーパー開運シリーズ

各定価（本体1000円＋税）

強運　深見東州

●191万部突破のミラクル開運書―ツキを呼び込む四原則

あなたの運がどんどんよくなる！
仕事運、健康運、金銭運、恋愛運、学問運が
爆発的に開ける。神界ロゴマーク22個を収録！

大金運　深見東州

●85万部突破の金運の開運書。金運を呼ぶ秘伝公開！

あなたを成功させる、金運が爆発的に開ける
ノウハウ満載！「金運を呼ぶ絵」付き!!

神界からの神通力　深見東州

●40万部突破。ついに明かされた神霊界の真の姿！

不運の原因を根本から明かした大ヒット作。
これほど詳しく霊界を解いた本はない。

神霊界　深見東州

●30万部突破。現実界を支配する法則をつかむ

人生の本義とは何か。
霊界を把握し、真に強運になるための奥義の
根本を伝授。

大天運　深見東州

●40万部突破。あなた自身の幸せを呼ぶ天運招来の極意

今まで誰も明かさなかった幸せの法則。
最高の幸運を手にする大原則とは！